上品な1色、洗練の2色。

大人のユニクロコーデ

福田麻琴

宝島社

はじめに

日本人である皆様は、一度はお店に入ったことがあるんじゃないかしら？　買い物をしたことはなくても、あのロゴを見れば「ユニクロ」だって一目でわかりますよね。日本全国津々浦々、街を歩けば出会えるユニクロ。

そのお馴染みのユニクロがまさかこんな成長を遂げるとは誰が想像していたでしょう。長い間、仕事でプライベートで、ユニクロとともに生きてきた私ですら、まったく想像していませんでした。今や日本を代表するブランドで、外国でもきっといちばん有名な日本の衣料品店。

思い返せば15年ほど前、フランス留学していたときからその予兆はありました。

当時、パリジェンヌスナップをアルバイトでしていた私は、おしゃれな人たちが集まる場所を求めて、日々街をウロウロしていました。そこで出会ったパリジェンヌたちは、私が日本人だとわかると、「これ、ユニクロなの！」と自分のニットをつまんで見せたり、「ユニクロのデニム最高！」と声をかけてきたり、とにかく彼女たちは自慢の服として、ユニクロを着ていたのです。

「へぇ、いいね！」と笑って相槌を打ちながら、私は大いに戸惑いました。

フランスでの価値と日本での価値がまったく違うんだもの。

その頃、日本ではまだユニクロは"安い"ブランドというイメージだったはず。帰国してもやっぱりそのポジションは変わっておらず、雑誌のプチプラ企画でリースに行くブランドでした。

それがこの10年くらいで、全然違うブランドに生まれ変わりました。

それも、ものすごくかっこいいブランドに。

テレビCMはすぐにユニクロだってわかるほど差別化されて、出てくるキャストはワールドワイド。映像も音楽も、コンセプトも素敵。

40代の私にも響くくらいだから、若者はもとよりきっとこの世のほとんどの人に、そのかっこよさは伝わっているに違いない。商品もどんどんよくなって、デザイン、色、着心地、すべてが年々アップデートされています。

そして、その裏には日々の努力がちゃんとあることを、私はよく知っています。

以前は、よくファッション業界人を集めた品評会なるものに参加していました。

今はどうか知らないけれど、その頃はパンツ、ニット、デニム、下着……とアイテムごとにチームが分かれていて、それぞれの担当者が自分の試作を持って集まった人のもとへやってくる……。

そこで、「ここがこうなっていたらもっと合わせやすいのに……」「このピンクじゃなくて、こういうピンクなら着てみたい」など、我らは好き放題言うのですが、今ちゃんと服に落とし込まれている気がします。

内容を真摯に受け止めて、改善すべき点を改善した結果です。たまにはイラッとしただろうなぁ。ごめんよ、担当者さん。

餅は餅屋。スタイリングはスタイリストに相談で大正解。

モノ作りも見せ方も"変"にこだわらず、軽やかに外部から新しい風をじゃんじゃん入れ続けたことが、今のユニクロの価値を作っているんだと感じています。

それにしても、なぜここまでブランド化されたんだろう。インバウンドでやってくる外国の方々の影響も大きいかもしれません。15年前、ユニクロを日本人である私に自慢してきたパリジェンヌたちのように、ユニクロに憧れて日本にやってきた人も多いんじゃないかしら。そして彼らの多くは、モノの価値をちゃんとそのモノに見出す。

肌触りがいいから。丈夫だから。デザインが好きだから。

「だから、ユニクロが好き」と。安いから好き、なのではなくてね。

そのマインドが逆輸入のように日本人の間にも押し寄せています。「あれ？　いや待てよ？　やっぱりユニクロいいじゃん」と。日本で当たり前のように目にしていたユニクロというブランドの今を、外の人が教えてくれるってわけです。

もはや〝安い〟ブランドではなく、日本の、いや世界のユニクロというブランドについて、今もう一度考えてみたくなりました。

この本では、ユニクロのアイテムで〝色〟を軸にコーディネートを組んでみました。「上品な1色、洗練の2色」。少ない色でおしゃれになれるアイデアをたくさん紹介しています。――仕事や家事、子育てなど、日々忙しい女性たちに私が提案したいコーディネートです。ユニクロのアイテムはシンプルだけれど、すごく計算されています。だからこそ、カジュアルもきれいめも、少ない色で大人っぽく決まるのです。「本当に？」と思った方、ぜひページをめくってみてください。ちょっとしたアイテム選びの工夫や着こなしテクで、品よく洗練された着こなしが叶います。この本を読んでくださった方の服選びに、少しでもお役に立てたらうれしいです。

福田麻琴

CONTENTS

はじめに — 002

PART 1
ワントーンコーディネートの作り方
HOW TO MAKE ONE-TONE COORDINATION — 010

	BEIGE [ベージュ] 視界に入るだけで癒やされる。品よく優しい印象で愛される色	012
	GRAY [グレー] 白黒つけない曖昧さがちょうどいい。控えめでムードを与える色	018
	BLACK [ブラック] 黒を着るならチャーミングに。絶対的な意志を持つモードな色	024
	WHITE [ホワイト] ALLホワイトでハッとさせて。眩しく輝く大人の派手色	030
	BROWN [ブラウン] 温かみと熟した色気を感じさせる。ゆとりのある大人の代表色	034
	NAVY [ネイビー] 時にすごくフェミニンに見える。凛とした上品な優しさを持つ色	038
	SAXE BLUE [サックスブルー] 若々しさと大人っぽさを併せ持つ。緊張せずに纏える有彩色	042
	KHAKI [カーキ] ナチュラルで落ち着いたイメージ。タフな人物像を演出する色	046

8 COLOR's FASHION POINT — 051

私のユニクロ名品 VOL.1
カシミヤクルーネックセーター メンズ — 052

PART 2 頑張らなくてもいい。簡単におしゃれになる10のアイデア

10 IDEAS TO LOOK STYLISH —— 054

“シンプル”と仲良くなる方法 —— 056

IDEA 1	襟元に“白”を挟んでスタイリングに奥行きを出す	058
IDEA 2	シンプルなトップスに白パールで気品とツヤを足す	060
IDEA 3	オールシーズン履ける白スニーカーでコーディネートに抜け感を	062
IDEA 4	異素材のバングルを重ね付けて自分らしくドレスアップ	064
IDEA 5	ロングネックレスでデコルテの間延び感をカバー	066
IDEA 6	簡単にこなれ感が生まれるメンズアイテムでさりげない色気を纏う	068
IDEA 7	カジュアルなボトムこそベルトを締めてコーデを格上げ	070
IDEA 8	同系色のタートルネックをインして“おしゃれしている感”を出す	072
IDEA 9	シャツを重ねることで手持ちのアイテムが新鮮に見違える	074
IDEA 10	好きな色が必ず見つかる50色! カラーソックスでこなれた着こなし	076

なりたい自分を叶える“仕上げ”を楽しんで —— 078

私のユニクロ名品 VOL.2
タックワイドパンツ —— 080

CONTENTS

PART 3 少ない色でおしゃれ! 2色で作るスイッチコーデ

SWITCH STYLING MADE WITH TWO COLORS —— 082

"スイッチ"するから悩まない! 簡単におしゃれに見える"2色"コーデ —— 084

	BLACK × WHITE ミニマル配色で簡単おしゃれ! 洗練のモノトーンスタイル	086
	NAVY × WHITE 上品で爽やかな空気を纏う。好感度の高い大人マリンに	088
	BROWN × NAVY シックで大人っぽい印象。深み配色で洒落感アップ	090
	BROWN × SAXE BLUE 引き立て合う最強の配色。キリッと見せつつ優しいムード	092
	BEIGE × SAXE BLUE ニュアンスカラー同士で一歩進んだおしゃれが実現	094
	BEIGE × RED コーデのマンネリ打破! ベーシック色に派手色を投入	096
	INDIGO BLUE × RED 遊び心と洒落感をIN! 対照的なカラーでメリハリを	098
	INDIGO BLUE × GRAY 寒色のマニッシュな色同士。こなれ配色でシックに見せる	100
	BLACK × GRAY 着る人が際立つ究極のシンプル。お馴染みのミニマルルック	102
	BLACK × KHAKI 凜とした表情を楽しめる。こなれ感のあるハンサム配色	104

私のユニクロ名品 VOL.3
ブラトップ —— 106

PART 4 どんなときも、ユニクロと一緒。シーン別コーディネート

ANYTIME, ANYWHERE, ANYPLACE ―― 108

1	SCHOOL UNIQLO	学校ユニクロ	110
2	HOME UNIQLO	おうちユニクロ	112
3	TRAVEL UNIQLO	旅ユニクロ	114
4	OUTDOOR UNIQLO	山ユニクロ	116
5	WORKING UNIQLO	お仕事ユニクロ	118

私のユニクロ名品 VOL.4
トレンチコート ―― 120

おわりに ―― 122

※各コーディネートのアイテム名は、ユニクロの商品のみを記載しています。記載がないものはすべて著者の私物です。また、本書に掲載したユニクロの商品は、販売が終了しているものもあること、価格や取り扱い店舗などについてのお問い合わせにはお答えできないことを、ご了承ください。また、ユニクロへのお問い合わせはご遠慮いただきますよう、お願い申し上げます。

PART 1

ワントーンコーディネートの作り方

no.	*color*
1	BEIGE
2	GRAY
3	BLACK
4	WHITE
5	BROWN
6	NAVY
7	SAXE BLUE
8	KHAKI

HOW TO MAKE ONE-TONE COORDINATION

洗練かつこなれた雰囲気に仕上がるワントーンコーデ。
ユニクロお得意のベーシックカラーで作るワントーンコーデの着こなしテクを
それぞれの色が持つ特性とともに紹介します。

簡単にカジュアルがキレイ!

BEIGE

［ベージュ］

視界に入るだけで癒やされる。品よく優しい印象で愛される色

穏やかで柔らかな色味のベージュは、見る人の心に安心感をもたらすプラスイメージの高い色。上品な大人っぽさがあるので、フォーマルはもちろん、カジュアルなスタイルも品よく見せてくれる素質もあります。

色調の幅が広く、ミルクティーのような赤みのある色から砂のような黄みのある色まで多岐にわたるのもポイント。微妙に色系統の違うベージュを重ねたワントーンコーデは、計算せずとも簡単にニュアンスのあるモダンなスタイルが完成します。ベージュは馴染みやすくどんな色とも合いますが、バッグや靴の合わせ小物を近しい色のブラウンにするとトーンが引き締まり、より洗練された印象に。ただ肌の色でもあるので、全体的にぼんやりしないようにリップやチークで血色を少し足すのが大人にはおすすめ。私は、素肌に赤リップだけでヌーディに仕上げるメイクのバランスが気に入っています。

SOLEMN ATMOSPHERE...!
STRAW HAT
BEIGE COLOR MOOD BOARD
ADIDAS
BASKET BAG
YAMMY !

tops　カシミヤセーター
bottoms　フレアスカート

cashmere sweater
stripe shirt
straight jeans

tops ストライプシャツ
カシミヤセーター
bottoms ストレートジーンズ

high neck t-shirt
zip up knit dress
ribbed socks

one-piece　ジップアップニットワンピース
inner　ハイネックＴシャツ
socks　リブソックス

ribbed
turtleneck sweater
houndstooth jacket
leather belt
chino pants

tops　千鳥柄ジャケット
　　　リブタートルネックセーター
bottoms　チノパンツ
belt　レザーベルト

GRAY

［グレー］

白黒つけない曖昧さがちょうどいい。控えめでムードを与える色

白と黒を混ぜたグレーは、落ち着きのあるニュートラルな色。白黒はっきりしないその曖昧さは、自分をよく見せようと武装しなくなった大人にちょうどいい色だと私は思うんです。ビビッドにもパステルにも、どんな色とも調和できて、他の色を引き立てる性質があるので、誰とでも仲良くできる"いい人そう"という心証も与えられるしね（笑）。

白に近いライトグレーから黒に近いチャコールグレーまで、明度の幅が広いためグラデーションがつきやすく、簡単にワントーンコーデが決まるのも魅力。ユニクロには、セーターやパンツなど、グレーアイテムの名品が特に多く揃っている印象なので、ぜひ店内でグレーのワントーンに挑戦してみてほしいと思っています。また、バッグや靴の小物は馴染みのいいモノトーンが正解。白だと抜け感が出て、黒だとカッコよく仕上がるので気分やシーンで選んでください。

GRAY DOOR!
FLUFFY AND CUTE
SILVER ACCESSORIES
FLOOR TILES
GRAY AND DENIM COMBINATION

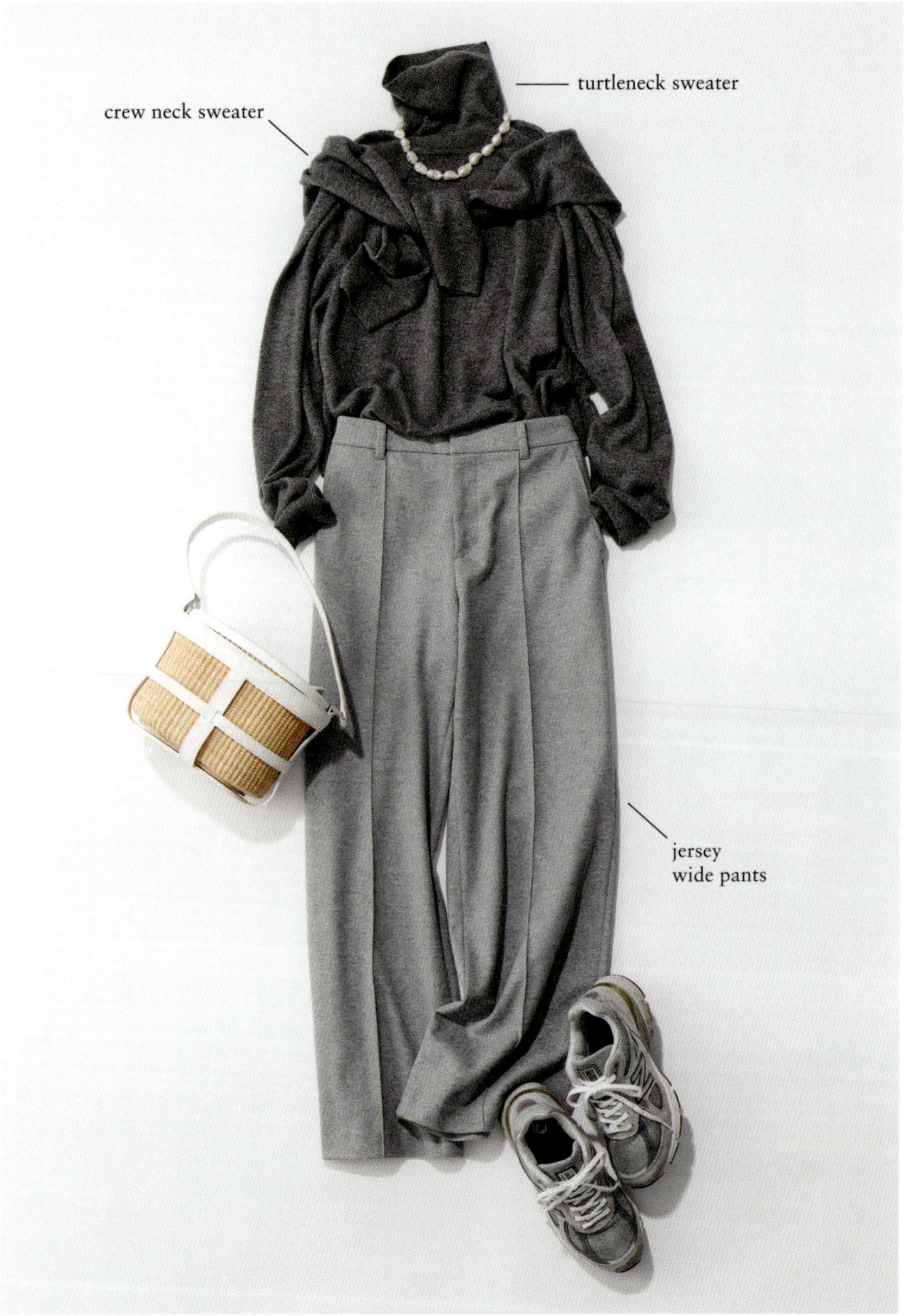

tops　タートルネックセーター
クルーネックセーター
bottoms　ジャージーワイドパンツ

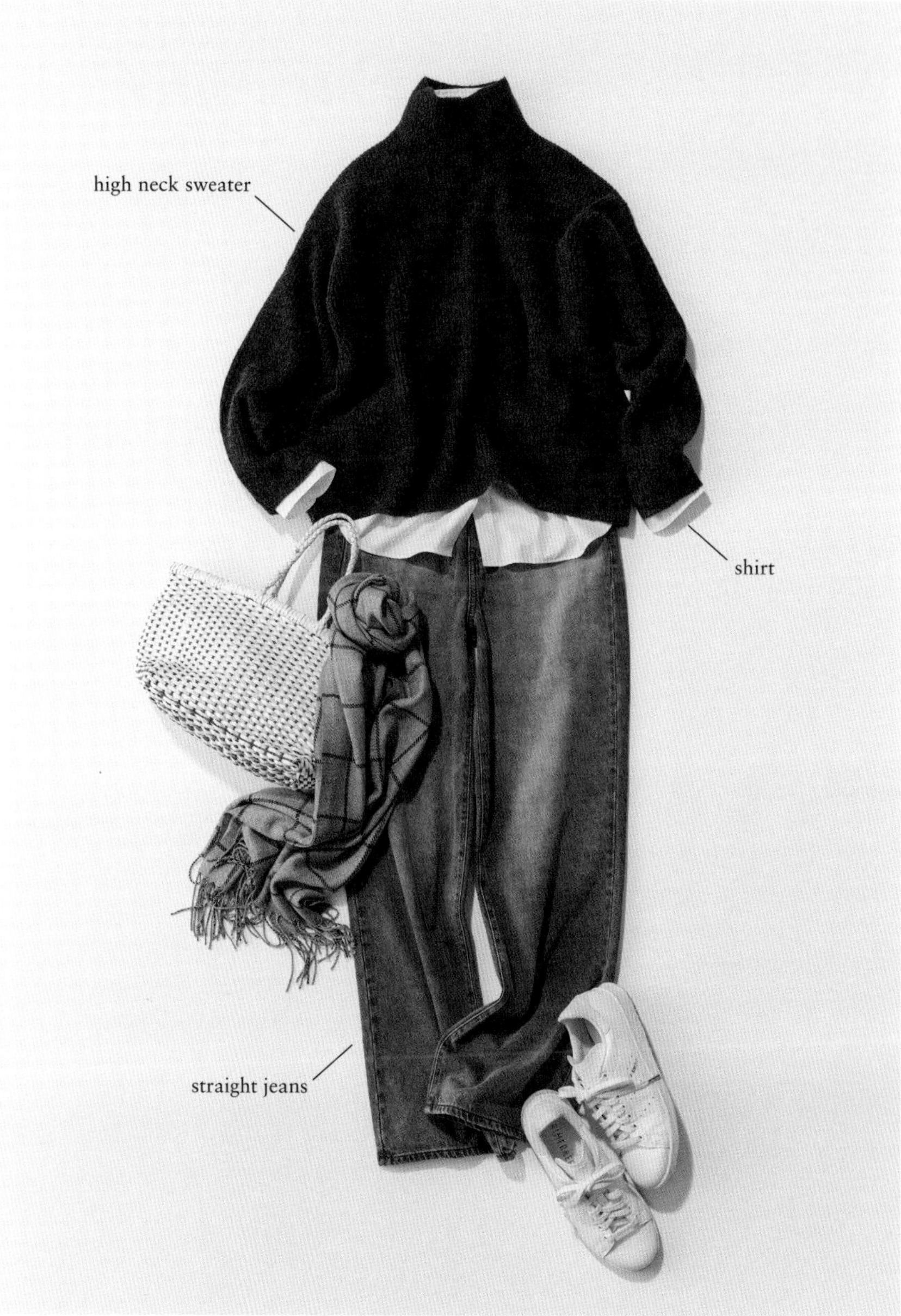
high neck sweater
shirt
straight jeans

tops ハイネックセーター
シャツ
bottoms ストレートジーンズ

tops　ストライプシャツ
タートルネックT シャツ
bottoms　タック入りワイドパンツ
belt　ベルト

cardigan Vネックカーディガン（メンズ）
one-piece ジャージーワンピース
socks リブソックス

BLACK

［ブラック］

黒を着るならチャーミングに。絶対的な意志を持つモードな色

何色にも染まらない、気高くてモード。私は、この絶対的な意志を持つ黒という色が大好き。だけど大人になるほど黒を着なくなるという人、多いですよね。ただでさえ存在感が出てくるのに、強くかっこいい黒を着ると無駄に迫力が出てしまうのは身をもって感じています。

そこで、大好きな黒を着るために私が出した答えは、可愛いアイテムで取り入れること。例えば、レースのワンピースやチュールスカート、フリルブラウス。ツイードやリネンなどフェミニンな素材感も有効です。また、全身黒で重くならないように、白を効かせるスタイリングや適度な肌見せも上手に着こなせるポイント。そう、大人が黒を着るなら、迫力をカバーするチャーミング要素はマストなのです。

着る人を引き締め、際立たせる黒。ずっと仲良くできるように適度な緊張感を持って付き合っていけたらいいな。

PERFUME
SPACE
MY FAVORITE
ART
A BLACK BAG IS
CUTE NO MATTER WHAT
YOU MATCH IT WITH.
LOVE TOD'S

ribbed collared cardigan
flare skirt

tops　襟付きリブカーディガン
bottoms　フレアスカート

high neck t-shirt
cashmere sweater
leather belt
wide cotton pants

tops カシミヤセーター
ハイネックTシャツ
bottoms ワイドコットンパンツ
belt レザーベルト

crew neck sweater
border high neck t-shirt
corduroy pants

tops クルーネックセーター
ボーダーハイネックT シャツ
bottoms コーデュロイパンツ

down coat
high neck sweater
tweed mini skort
ribbed socks

tops ダウンコート
ハイネックセーター
bottoms ツイードミニスコート
socks リブソックス

WHITE

［ホワイト］

ALLホワイトでハッとさせて。眩しく輝く大人の派手色

何にも染められていない色、清潔さや純粋さという清らかなイメージを持つホワイトは、眩しく輝く大人の派手色。明るく華やか、とはいえ清潔感がベースにあるので爽やかに映ります。全身ホワイトならなおさら特別感があり、見る人をハッとさせるでしょう。

まじりけのない純白や黄みがかったアイボリー、グレーがかったオフホワイトなど色調の幅が広いのも特徴で、さまざまな白を組み合わせたワントーンコーデは、シンプルながらもこなれた印象。さらにコットンやウール、デニムなど素材を混ぜることで奥行きも出て、のっぺり感を回避できます。

ラグジュアリーなムードも漂うので、アクセサリーやジュエリーをプラスすればパーティーシーンにもぴったり。逆に日常でＡＬＬホワイトを楽しみたい人は、ベージュ小物でトーンを落とすと親しみやすい表情に。

TAKE A BREAK
ASTIER DE VILLATTE POTTERY
ELEGANT LACE BLOUSE
T-SHIRTS
WHITE TEXTURE

shirt
v-neck
short cardigan
pleated wide pants

tops　Vネックショートカーディガン
シャツ
bottoms　タック入りワイドパンツ

tops ハイネックセーター
bottoms ワイドジーンズ
bag ミニショルダーバッグ

BROWN

［ブラウン］

温かみと熟した色気を感じさせる。ゆとりのある大人の代表色

土や木など自然を連想させるブラウンは、包み込む大地のぬくもりや安心感を与える色。彩度は低いものの暗い印象はあまりなく、温かみと落ち着きからか、ゆとりのある大人の成熟した色気を感じます。

ブラウンこそバリエーションが多く、赤、青、黄の配合によって、柔らかなモカブラウンや、乾いたオリーブブラウン、こっくりとしたテラコッタブラウンなど、色味の幅が広いのが特徴。ここまでバリエーションがあるとワントーンコーデを難しく思うかもしれませんが、すべて同じブラウンでも面白くないので、思い切って違う色系統を選んでみてください。ワントーンという失敗知らずの安心感のなか、スタイリングに奥行きが出て洗練されたムードが発生。違う色系統を足すたびにファッションの遊び心が生まれ、ほどよく肩の力が抜けた大人のおしゃれが実現します。

CHOCOLATE CAKE
GRAND CENTRAL
TILE WALL OF
GROUND CENTRAL STATION
meow
A BRICK WALL
BRICK TOWNSCAPE
OF REYKJOCK

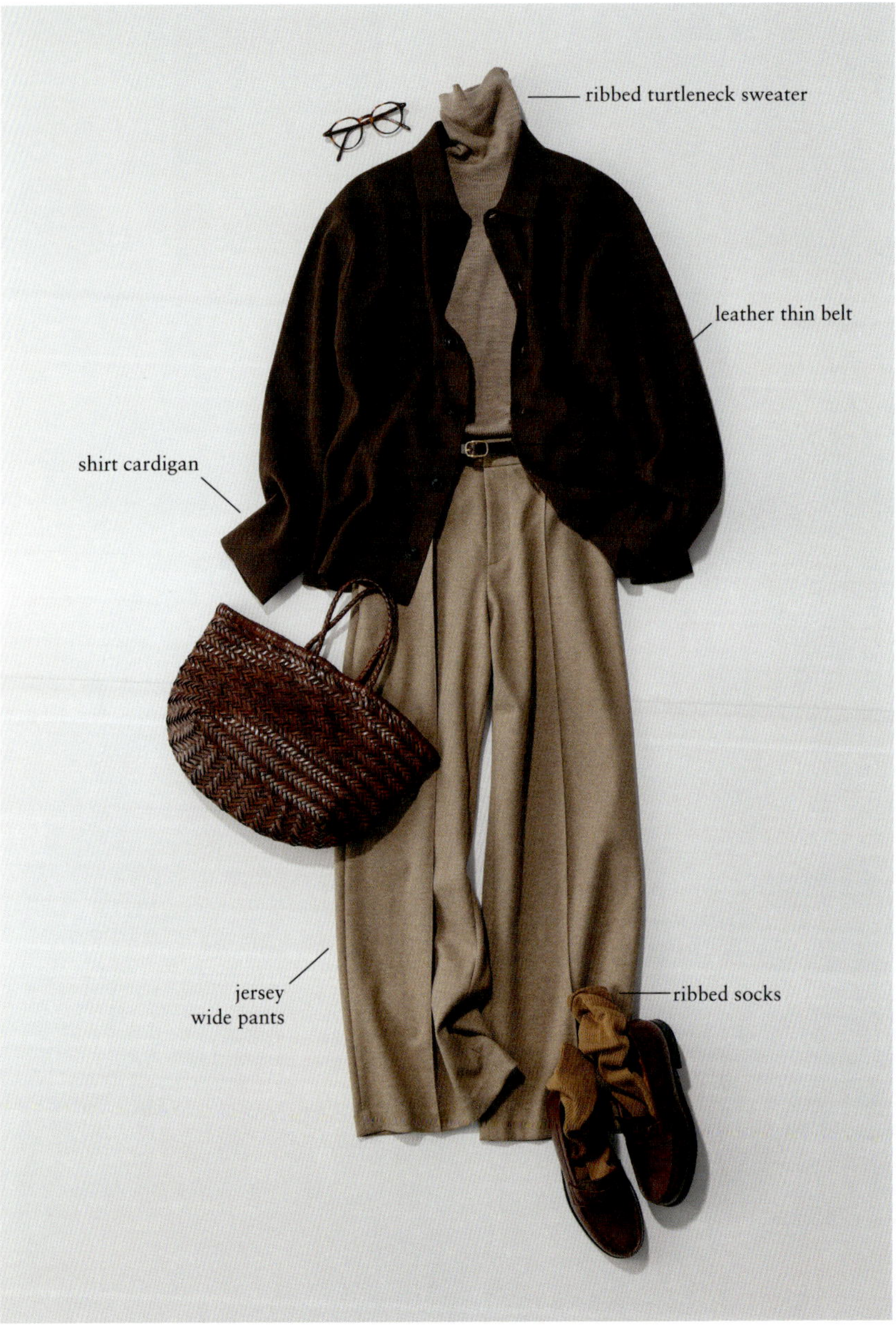

tops	シャツカーディガン
	リブタートルネックセーター
bottoms	ジャージーワイドパンツ
belt	レザー細ベルト
socks	リブソックス

turtleneck sweater
(men's)
leather mesh belt
jersey wide pants
ribbed socks

tops タートルネックセーター（メンズ）
bottoms ジャージーワイドパンツ
belt レザーメッシュベルト
socks リブソックス

NAVY

［ネイビー］

時にすごくフェミニンに見える。凛とした上品な優しさを持つ色

誠実、清潔、ノーブル、高貴……。ネイビーの印象を並べると素敵な単語ばかり。制服やお受験服からか、一般的に堅くて真面目というイメージがあると思うのですが、私は、時にすごくフェミニンな色に見えることがあります。そのフェミニティとは、凛とした上品な優しさ。だから、何もせずとも迫力が出てくる大人にはぴったり。着るだけで品よく優しく見せてくれる稀有な色だと思っています。

そんなネイビーのワントーンコーデは、制服っぽくならないように素材違いを合わせるのがうまくいくコツ。ニットとインディゴデニム、ツイードとコットン、モヘアとサテンなど、さまざまな素材でも意外とまとまります。

また、ネイビー自体にきちんと感があるので、カジュアルなコーディネートほどおすすめ。さらに統一感の出るワントーンなら、デニムスタイルもキレイめかつシックに仕上がります。

West 35th St
ELEGANT STYLE
CALM COLORS, CHIC COLORS
ONE WAY
NEW YORK STREET
I LIKE BORDERS

cotton shirt
crew neck sweater
straight jeans

tops　コットンシャツ
クルーネックセーター
bottoms　ストレートジーンズ

tops シャツカーディガン
Tシャツ
bottoms タック入りワイドパンツ

SAXE BLUE

［サックスブルー］

若々しさと大人っぽさを併せ持つ。緊張せずに纏える有彩色

サックスブルーは、青色にグレーを足したニュアンスのあるくすみカラー。青が持つ爽やかな若々しさとグレーの持つ上品な大人っぽさの両方が際立つ魅力的な色です。落ち着きや深みも感じられるため、大人のブルーとして大活躍。ベーシックカラーがワードローブの基本である私としては、有彩色の中で唯一緊張せずに着られる色かもしれません。デニムとの相性も抜群で、むしろデニムで作るワントーンコーデに欠かせない色。サックスブルーのセーターやシャツは爽やかで品がよく、デニムパンツを上品に見せてくれるので、大人にちょうどよいキレイめカジュアルが作れます。

合わせる小物は白やベージュで爽やかにまとめるもよし、黒やネイビーで引き締めるもよし。若々しく見えるのに若作り感のない、地に足がついた大人な印象で、好感度の高いスタイルが完成します。

BLUE ELEPHANT
COMBINATION OF SAXE BLUE AND PEARL
TEKLA
WRAP THE STOLE AROUND THE BASKET
PARIS!
A.P.C.

tops　クルーネックセーター
bottoms　スキニージーンズ

tops ストライプシャツ
カシミヤセーター
bottoms ストレートジーンズ

KHAKI

［カーキ］

ナチュラルで落ち着いたイメージ。タフな人物像を演出する色

草や苔など自然を連想させるカーキは、ナチュラルで落ち着きのある色。ミリタリーファッションの印象もあって、芯の強いタフな人物像を演出します。そのワイルドなイメージ通りかっこよくハンサムに仕上げたり、逆に、渋いカラーリングのなかで女性らしさを際立たせたり、さまざまな表情を楽しめそう。

着こなしは、オールカーキでメンズライクにするのもいいし、白やライトグレーを挟んで柔らかさを出すのもいい。小物は、同じアースカラーのブラウンやベージュを合わせると親しみやすい雰囲気になり、黒を合わせると引き締まり洗練されます。そんなカーキは印象も強く、それでいて他の色にも合わせやすい、まさにタフで、いい意味でラフな色。ワントーンコーデならより一層その強みが出て、気負いのないカジュアルな着こなしが期待できますよ。

KHAKI PANTS
GREEN IN THE PARK
HOUSE OF PLANTS
KHAKI CHAIR
THE PLANTS / GROW
EUCALYPTUS
KHAKI COLORED SOUP

rayon blouse
zip up pullover
leather
mesh belt
wide cotton pants

tops ジップアッププルオーバー
レーヨンブラウス
bottoms ワイドコットンパンツ
belt レザーメッシュベルト

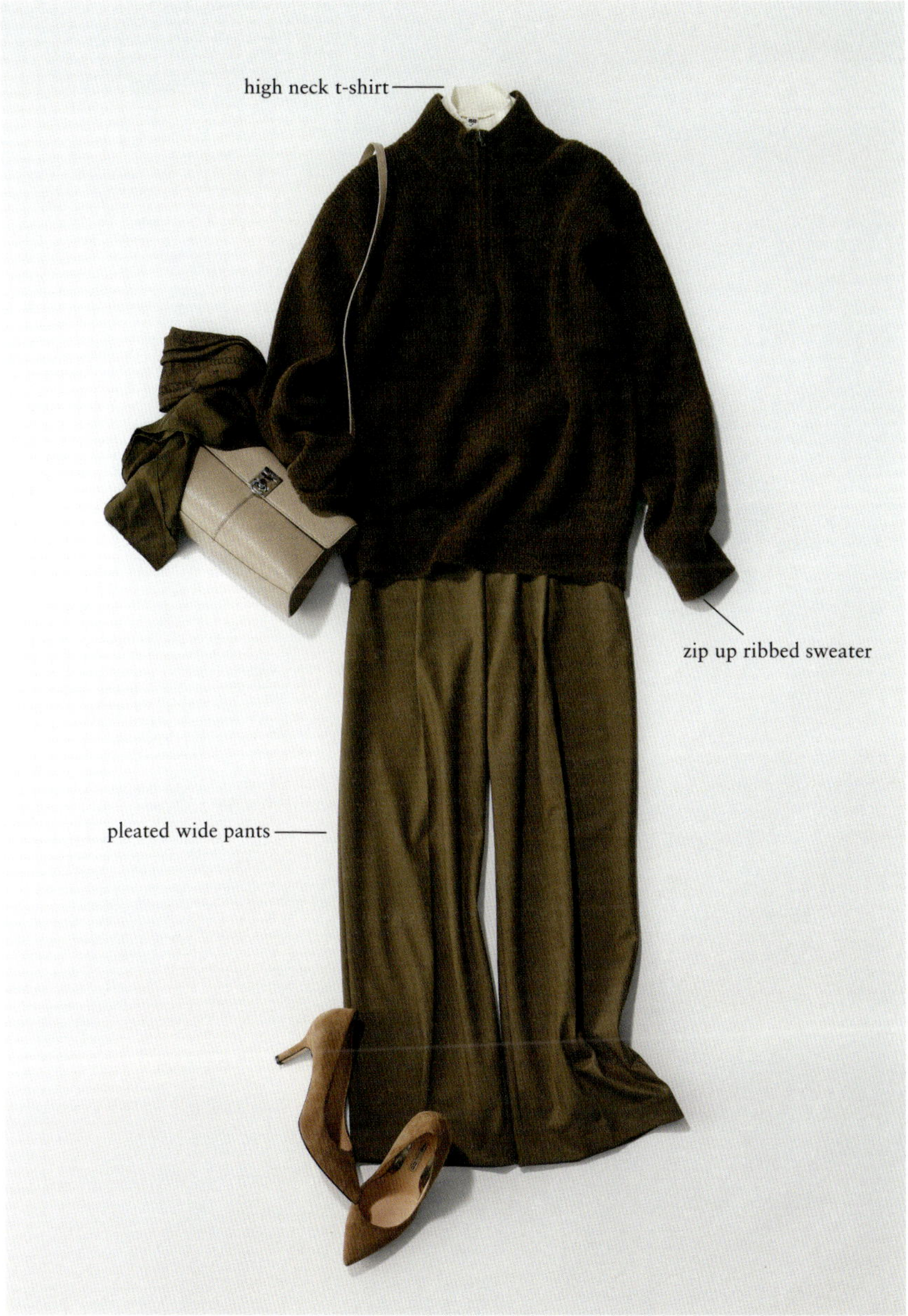

tops　ジップアップリブセーター
ハイネックＴシャツ
bottoms　タック入りワイドパンツ

one-piece　ジャージーワンピース
inner　タートルネックＴシャツ

8 COLOR's FASHION POINT

各色のポイント

一見、「地味」や「無難」と捉えられがちなベーシックカラーも、
その色のイメージを知り、違う色系統や素材を組み合わせることで、
手抜きに見えない大人のおしゃれになりますよ。

1

BEIGE
［ベージュ］

全体的にぼんやりしないようにツヤや血色感を足してメリハリを

2

GRAY
［グレー］

濃淡でグラデがつきやすいのでシンプルにまとめるのが正解

3

BLACK
［ブラック］

レースやチュール、フリルなどフェミニンな素材感で取り入れて

4

WHITE
［ホワイト］

ジュエリーをプラスして白の持つ華やかなムードを後押し

5

BROWN
［ブラウン］

オリーブやテラコッタなど違う色系統を重ねたほうがおしゃれ

6

NAVY
［ネイビー］

ウールやデニム、ツイードなど素材を混ぜることでスタイリッシュに

7

SAXE BLUE
［サックスブルー］

デニムパンツと合わせて大人のキレイめカジュアルが完成

8

KHAKI
［カーキ］

小物はアースカラーで揃えてハンリムな女性のイメージに

私のユニクロ名品

VOL.1

カシミヤクルーネックセーター メンズ

[*cashmere crew neck sweater men's*]

こちらのカシミアニット、私が知る限り世界でいちばんコスパのいいカシミア１００％のニットです。たぶんこれを超えるものなんてそうそう出てこないんじゃない？　そのくらい、仕上がっています。

　カシミアニットに必要不可欠な、風合い、肌触り、デザイン、カラーバリエーション……全部最高。毎年何かしら色を買い足しています。

　今季はメンズのチャコールグレーとブラウンを買いました。また地味な色を（笑）。グレーはバリエーションが多かったのですが、悩みに悩んで真ん中のグレーを。メンズを選んだのはゆったり着たかったのと、カラーリングがメンズのほうが好きだったからです。

　でも、最近はボリュームパンツを穿くことが多いから、レディースのコンパクトなサイズを選んでもよかったかも。よし、次の機会はそのサイズ感にしようっと。それにしてもなぜ大人になるとニットは〝カシミア〟になるんだろう。なんでもかんでもカシミアで、「とにかくカシミアを選べば正解！」みたいな雰囲気。

　私はざっくりとしたミリタリーっぽいニットも大好きだけどなぁ、なんて思いながら、衣替えのタイミングでお気に入りのざっくりニットに袖を通してみたら……重っ。

　このニットがこっそり太ったのか、私の筋力が低下しているのか、とにかくずっしりと重い。そして硬い。どうしたらこんなにグングン目を詰めて編めるんだ？　丈夫なのはわかったから、もう少し穏やかな気持ちで編んでほしいよ。ああ、着ているだけで肩がこる〜。

　そして、心から思いました。「カシミアっていい！」――そう思えたら、私も大人の仲間入り。とにかく今は〝軽くて柔らかい〟がニットの条件。可愛いなんて二の次よ。シンプルならそれでいいの。

PART 2

頑張らなくてもいい。簡単におしゃれになる10のアイデア

idea	*item*
1	WHITE INNER
2	PEARL
3	SNEAKERS
4	BANGLE
5	LONG NECKLACE
6	MEN'S ITEM
7	BELT
8	TURTLENECK
9	SHIRT LAYERED
10	SOCKS

10 IDEAS TO LOOK STYLISH

シンプルだからこそ着こなしの幅が広いユニクロの服。
アイテムをひとつ足すだけで、 サイズ感を変えるだけで、
秒でおしゃれに見える10のアイデアを伝授します。

必要なのは
モノじゃない、
アイデアです

“シンプル”と仲良くなる方法

「シンプルすぎてユニクロが似合わない」という友人がいます。

はて、シンプスすぎるとはどういうことでしょう。大人になれば、必然とシンプルが似合うようになると思っていたけれど。この見解、間違っていたのかも。

確かに、「何の装飾もない白いTシャツが家着にしか見えない」とか、「シャツがどうしても懐かしい雰囲気になっちゃう」なんて声をよく聞きます。アイテム的には普遍的なものだし、こういうものを長く、自分らしく素敵に着続けたいと願うばかりですが、やっぱり難しいのにはワケがあるんですよね。考えに考えて、ひとつの答えにたどり着きました。

それって”サイズ“のせいなのではないでしょうか? シンプルなアイテムをジャストサイズで選ぶと、この悩みが発生することに気がつきました。

ユニクロが似合わない＝素敵なサイズが見つけられない。

うん、きっとそう。ユニクロの服はシンプルベーシックだし、サイズも豊富。なんならメンズからも選べるので、選べるサイズが他のブランドの倍以上。選択肢ってあるととてもうれしいけれど、時に悩みの種になったりもするんですよね。

ここで、いちばん安全なサイズを選ぶとシンプル恐怖症が発症します（笑）。

スタイリストを長くやってきた私だって、ジャストサイズのトップス×ボトムスの組み合わせを素敵にコーディネートするのは難しいもの。

やっぱりコーディネートってバランスでできているのです。**コンパクトなトップスならボリュームのあるボトムス（ピタ×ふわ）、逆にオーバーサイズのトップスならすっきりしたラインのボトムス（ふわ×ピタ）が黄金バランス。**シンプルなアイテムたちを素敵なコーディネートにしたいなら、どちらのバランスが好きか、自分の体型に合っているか、どのアイテムを軸にしたいのか、お買い物前にクリアにしておくことが大切です。

私はよくメンズのトップスを選びます。メンズのSやMは程よくゆったりとしていてリラックス感があるし、服の中で体が泳ぐ感じがなんとも雰囲気があって好きなので、**困ったら大きいサイズを選ぶことにしています。**

黄金バランスとしてはここにスキニーパンツやIラインのスカートですが、あまり持っていないので、今いちばん気分のワイドパンツを合わせています。

ちょっとキケンな、ふわ×ふわ。太って見えるのだけは避けたいところ。だからこのバランスのコーディネートをするとき、必ずトップスをウエストにINしています。さらにベルトをすれば、ウエストがマークされてより脚長効果もあり。

やっぱりシンプルなコーディネートの大人の女性はかっこいいから、似合わないとあきらめず、ちょっといつもと違うサイズを選んでみたらいかがかしら？

これからの私たちこそ、シンプルなアイテムと仲良くしなきゃ。

IDEA 1

襟元に"白"を挟んでスタイリングに奥行きを出す

"あるのとないのでは
全然印象が違うんだから"

ダークカラーのシンプルな服はともすれば地味見えしてしまいがち。そこで私がよくするのが、クルーネックのセーターやトレーナーに白インナーを着込んで襟元から白をチラリと覗かせるワザ。

このキラッと輝く"一筋の白"で印象が激変。一気にこなれ感が上がり、ただの一枚ではなくなるから不思議です。

顔映りが気になってくる年代の私たちには、この白のレフ板効果は絶大。着込むのは、タートルネックだったり、シャツやブラウスの襟だったり、その日のコーディネートや気分によってさまざまな"白"を挟んでいます。

ユニクロの黒カシミヤニットに、タートルネック、Tシャツ、シャツ、フリルと4種類の“白”を挟んでみました。同じニットなのに、それぞれ違った印象が感じられます。

IDEA
2

シンプルなトップスに白パールで気品とツヤを足す

"白パールを日常で使いこなしてこそ大人"

大人になるほど、その偉大さを実感しているのが白パール。上品さ、光沢感、さりげなさで、シンプルなトップスにこそ効いてくる、まさに大人のデイリージュエリーだと思います。

それは、ユニセックスでドライな質感のものが多いユニクロのアイテムに効果絶大で、白パールのツヤ感でぐんとエレガントな印象に。名品のカシミヤクルーネックセーターやコットンシャツも一気に女っぽく見違えます。

IDEA1の"白を挟む"の応用としても有効で、顔まわりが明るく華やぐので使いこなせればいいこと尽くし！

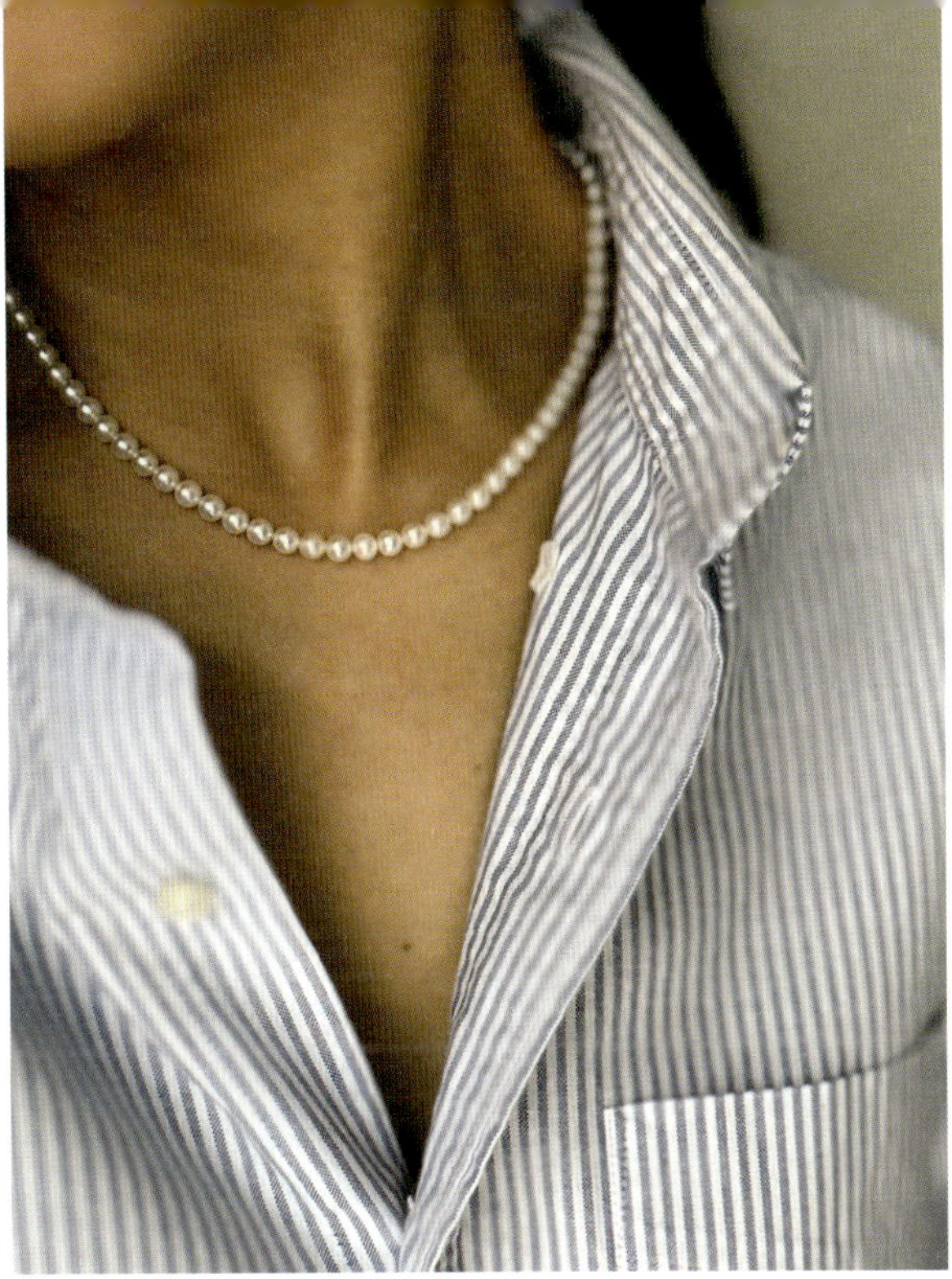

シンプルなトップスには、控えめで上品な白パールが好相性。メンズライクなボタンダウンシャツからフェミニンなレースブラウス、プレーンなＴシャツまで、どんなトップスにも合い、さりげなく格上げしてくれます。

IDEA
3

オールシーズン履ける白スニーカーでコーディネートに抜け感を

“とにかく、
これがなければ始まらない”

ワントーンコーデを極めていきたいと思っている私にとって、白スニーカーは必要不可欠。単調なワントーンの効かせ色として、主役となるカラーの邪魔をせず、抜け感の主張はできる優秀なアイテムなのです。ネイビー、グレーなどのダークカラーのワントーンコーデはもとより、ホワイトやベージュにも合い、素材を選べばシーズンレスで使えます。

もちろん、白スニーカーはワントーンコーデ以外でも着こなしを引き立てる万能なシューズなので、一足持っておけば大活躍してくれるはず。

一歩間違えると重たくなってしまいがちな、ダークカラーのワントーンコーデ。
足元に白を取り入れることで、コーディネート全体に軽やかさが生まれます。

IDEA
4

異素材のバングルを重ね付けて自分らしくドレスアップ

“手元は強そうなほどおしゃれ!?”

最近、私のバングルコレクションに黒レザーが仲間入り。シルバーカラーの時計やブレスレットと重ねた、少し強そうな見た目が気に入っています（笑）。

バングルの重ね付けは、シンプルなセーターやシャツなどを自分らしくドレスアップしたいときにおすすめ。特にルールはないのですが、シルバーかゴールドのバングルに、レザーのような異素材や形状の違うものを合わせるとグッドバランス。そのとき、リングも合わせてコーディネートすると、より洒落感がアップしますよ。

グレーのシャツに、黒のパンツというシンプルコーデにリンクする、シルバーバングルと黒レザー。アイテムの色に合わせて、素材や形状の違うアクセサリーを楽しんで。

チェーン状だったり、かっちりとしたデザインだったり。コーデに統一感を出したいときは、同じカラーでも形状が違うアクセサリーを組み合わせて。

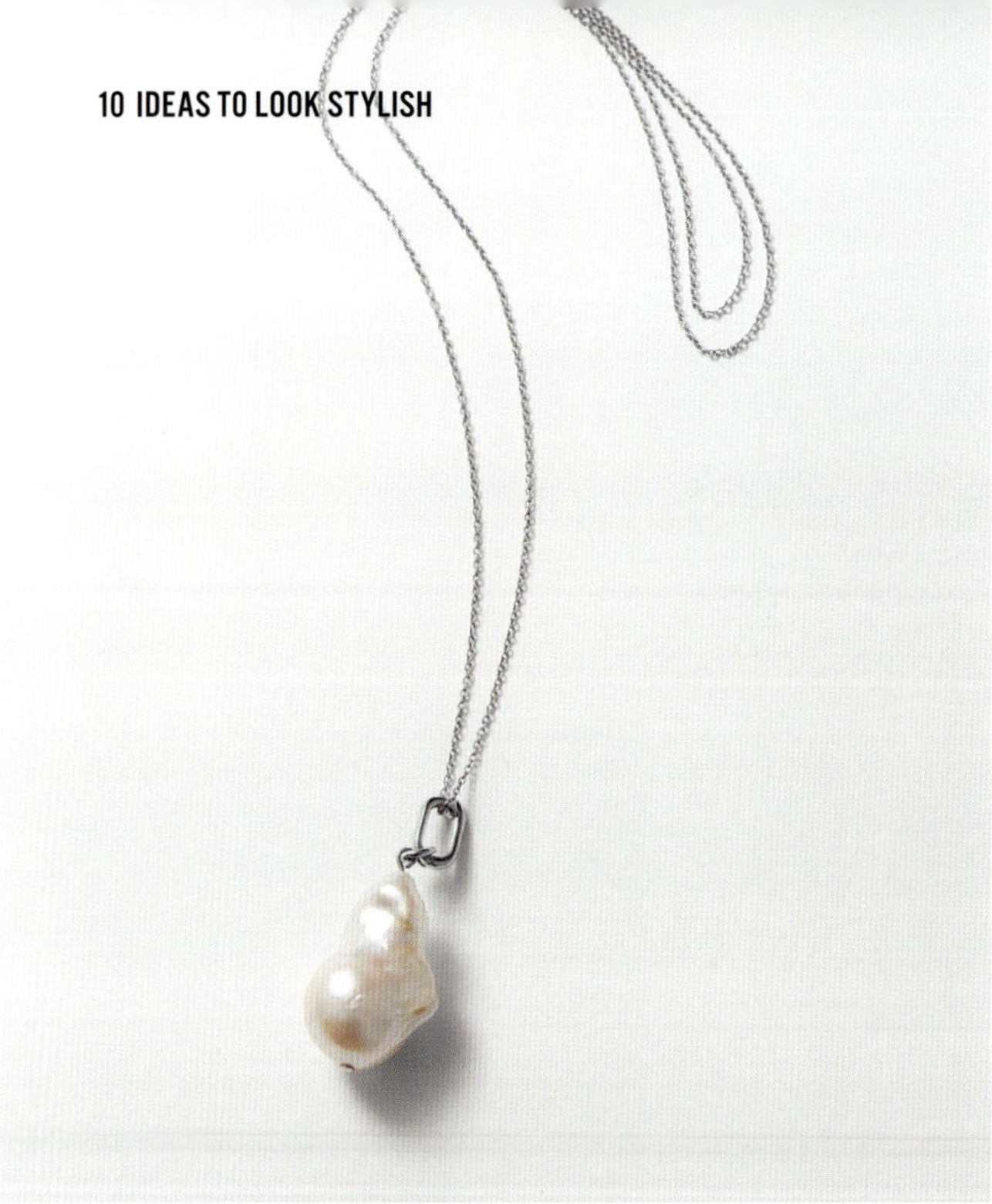

IDEA
5

ロングネックレスでデコルテの間延び感をカバー

“好きな服をあきらめないためにこの体でできること”

年を重ねて、すべてのお肉が下がってきたような……胸の位置もそう。気づけば、デコルテに間延び感がある気がします。以前、重力に抗《あらが》って持ち上げるブラをつけてみましたが、やっぱり不自然なんですよね。そこで思いました。今のこの体でできることをやるしかない、と。

ということで、間延びしたデコルテの余白を埋めるために考えたのがロングネックレス。タートルネックなど首の詰まったトップスを着たとき、縦のラインがスッと入るとエッジが立ち、キレイに見えるんです。好きなものを着続けるために、大人は工夫が必要ですよね。

デコルテから胸の余白をロングネックレスで上手に埋めて。特に、タートルネックや首の詰まったトップスを着るときに取り入れるようにしているアイデアです。

IDEA
6

簡単にこなれ感が生まれるメンズアイテムでさりげない色気を纏う

“マニッシュな服を着たときに出てくる色気が好きなんです”

レディースもメンズもサイズ展開が多いのもユニクロの魅力のひとつ。私はメンズのシックな色味が好みなのもあり、ニットとスウェットはメンズも愛用中。メンズアイテムを着るときのポイントは、肩が合っているか、袖はまくれるか。ニットは条件にぴったりなので、取り入れやすいメンズアイテムなのです。

マニッシュなものを女性が着たときに出てくる色気が好きなんですよね。ブカッとしたシャツを着ているほうが女らしいと思うから、憧れを込めてメンズアイテムを選んでいます。

シンプルな服だからこそ、 あえてメンズのサイズ感を。 でも男っぽくなりすぎないように、 大人の私たちはボトムなどでツヤ感をプラスするのがポイント。女性らしさがメンズニットに宿ります。

IDEA
7

カジュアルなボトムこそベルトを締めてコーデを格上げ

“ベルトの可能性をあなどるなかれ!”

パリに留学していたとき、街で見かけたパリジェンヌがデニムからチノパン、ショートパンツまで、しっかりベルトをしていたのにカルチャーショックを受けました。確かにカジュアルなパンツこそ、ベルトをするだけでラフさが締まって上質に見えます。

なかでもレザーのメッシュベルトは、気張っていないラフさもあって使えるアイテム。メッシュの編み目のどこにでもバックルのピンが通せるため細かいサイズ調整ができて、ハイライズにもローライズにも対応してくれます。

シャツとデニムだけでもいいけれど、その間にベルトがあるだけで「おしゃれが好きなんだな」という印象に。大人カジュアルがワンランクアップします。

IDEA 8

同系色のタートルネックをインして”おしゃれしている感“を出す

“何も考えないで。とりあえず重ねよう”

いつものセーターやシャツにタートルネックかハイネックを着込むだけ。たったそれだけで着こなしに奥行きが出ておしゃれ感が増すなら、やらない手はないですよね。特に今年はレイヤードスタイルが人気なので、今年っぽさの目印にもなります。

重ね着が苦手という人は、合わせるタートルを同系色にするのがおすすめ。同系色だと馴染むので、気負わずに挑戦できるはず。また、基本的に白と黒のタートルネックは何にでも合うので、まずはこの2色から始めてみるのもよいと思いますよ。

ダークブラウンのシャツカーディガンの下に、ベージュのタートルネックを合わせました。同系色ならコーディネートから浮くことなく、大人っぽくシックにまとまります。

IDEA
9

シャツを重ねることで手持ちのアイテムが新鮮に見違える

“おしゃれもひと手間って大事です”

レイヤードはここ数年気になっている着こなし。タートルネックのレイヤードと同じく、シャツ重ねも簡単におしゃれに見えるおすすめのアイデアです。

シャツレイヤードの場合は、襟元と袖口、裾と、3点から覗かせることができるレイヤードの幅の広さがポイント。裾からシャツを出す場合は、後ろ姿の印象も変わるのでよりレイヤードが楽しめます。合わせるのは同色だと着こなしに奥行きが出て、白を挟むとこなれ感が出ます。このひと手間で手持ちの服が見違えるのがおしゃれの楽しさ。ぜひ、試してみてください。

いつものニット、いつものシャツ。それぞれ１枚でも素敵だけれど、重ねることで新鮮な装いに。襟元の明るいブルーが、落ち着いたトーンのニットにパッと明るさを与えてくれます。なりたい自分をイメージして、着合わせを楽しんで。

IDEA
10

好きな色が必ず見つかる50色！カラーソックスでこなれた着こなし

“少しの冒険、してみない？”

ユニクロのオンラインストアには、バリエーション豊かなカラーソックスがあるんです。ベーシックな白や黒から、グレー系、ブラウン系からパキッとした赤やイエロー、ピンクまで、その数なんと50色！　すごいですよね。微妙に違う色味がラインナップされているので、必ず好きな色味が見つかると思います。

私のおすすめはこの6色。白と黒はマストで、グレーは濃淡の2色、ブラウン、そして着こなしのポイントになる赤。言わずもがな買いやすいプチプラなので、このスタメンは買い替えながらクローゼットに常備しています。

どんな靴にも合うユニクロのカラーソックス。さまざまな色のニュアンスが揃っているので、ワントーンも素敵に決まります。赤のソックスを効かせたコーディネートもPART3で紹介しています。

なりたい自分を叶える“仕上げ”を楽しんで

先日、アシスタントがうれしいことを言ってくれました。

「私はモデルさんにただ服を着せただけなのに、麻琴さんがその服に触ると、カメラ前に立つ頃にはまったく別のものになっているんです。何が起きているんですか?」

ちょっと、ちょっと〜! いいこと言うじゃないの。長く一緒にいるだけあって、さすが、私のポイントを押さえているわ! ……なんてふざけてみましたが、ここにおしゃれのヒントがあるのかも。普段何気なくやっていることなので、実際、私自身も何をやっているかわからないものなんです。無意識って怖い(笑)。

このパートのまとめとして、スタイリストが服にどんな魔法をかけているのかを言葉にしてみようと思います。だってその魔法は、服がシンプルであればあるほど発揮されるから、ユニクロコーデにぴったり。

デザインがたっぷりある服は、そのままきちんと着るだけ。「どう着てほしいか」——デザイナーの思いはその服にきっちりと反映されています。だから、癖のあるものほど着方は簡単。シンプルな服のほうがよっぽど難しいんです。服に個性がないから、自分の個性を加えるしかありません。

逆に言えば、**自分らしさを合わせるものや着こなしで表現できる**ということです。表現なんて言うとちょっと難しい感じがしますが、要するに、シンプルな服を素敵に着るには少し工夫が必要ってことです。

例えば、とある撮影でモデルさんに、シャツの上にクルーネックのニットをレイヤード、ボトムはワイドパンツを合わせたとします。たったひとつのコーディネートですが、着こなし方は無限大！　シャツの第1ボタンは開けようか、襟はニットにしまおうか、それとも思い切り出そうか、ニットの袖口からシャツの袖を覗かせようか。シャツの裾はラフに出すのもありだし、きっちりパンツにＩＮすることもできるな。なんならシャツもニットも一緒にＩＮして、ベルトをしたらマニッシュで今年っぽいかも。

こうして書き出しただけでも、着こなしのアイデアが満載。撮影前のほんの数分、スタイリストの脳内はこんな感じです。長くスタイリストをしてきたからこそ、その人にとって何がベストか、パッと感覚的にできるのかもしれません。

これが”センス“というものでしょうか。センスがいいなんて自分のことを言ったら変だけれど、ベーシックな服が好きな私は、このセンスでどうにかここまでやってきた気がします。

”普通“の服を素敵に見せるのは、最後の仕上げ次第。同じものを着ていても、仕上げ次第でどうにでもなれるんです。

今日はスニーカーでスポーティーに仕上げる？　それともローファーでトラッドに？　なりたい自分は手持ち服でも叶いますよ。

私のユニクロ名品

VOL.2

タックワイドパンツ

[*pleated wide pants*]

私の周りでかぶる率ナンバーワンアイテムなのが、このタックパンツです。もはやみんな虜で、シーズンをまたいで何色も持っている人がゴロゴロ。「それ、SSの色だね！」「FWの新素材です！」※。現場ではそんな会話がしばしば行われていて、私以外、みんなこのパンツの色違いだったことも。これはもう穿いてみるしかないでしょう。

　とにかくマーケティングが好きなので、なぜ今このパンツがこんなにも女性たちに受け入れられているのか、調べなければ気が済まない。誰かの受け売りじゃなく、実体験で。タックパンツはもうすでに何シーズン目かなのに、この調査がなぜこんなに遅れたかって？　元々ワイドパンツが好きなので、すでにけっこう持っていまして。黒、グレー、ネイビー、白。ブランド、素材は違えど各色揃っているので、なかなかこの名品に手を出せずにいましたが、ブラウンを発見して「これだ！」と。この秋冬、持っていない新色が登場したのです。

　さて、見せてもらおうか。名品たる所以《ゆえん》を。ちょっと意地悪な気持ちで試着に臨んだわけですが、サイズだけ少し悩んだものの、まんまと買って帰ることに。ハイウエストの安心感、ほどよいワイド具合、センタープレス、キレイめな素材はストレッチまで効いていてシワになりにくいじゃないの。

「私、もうずっとパンツはこれでいいや」――そう言っていたライターさんの言葉を思い出しました。まさか～！なんて笑ってごめん。そうね、こんなにコスパのいいパンツは他にないね。きっとそんなファンたちがたくさんいるに違いない。新色も新素材も毎シーズン出ることだし、飽きるなんてことはないのかも。

　こうなってくるとユニクロさん、次はどんな素材で、色で、彼女たちを驚かせてくれますか？　ニヤリ。結局、意地悪ってなおらないよねぇ（笑）。

※SSは「Spring・Summer（春・夏）」、FWは「Fall・Winter（秋・冬）」を略した表記です。

PART 3

少ない色でおしゃれ!
2色で作るスイッチコーデ

idea	color
1	BLACK × WHITE
2	NAVY × WHITE
3	BROWN × NAVY
4	BROWN × SAXE BLUE
5	BEIGE × SAXE BLUE
6	BEIGE × RED
7	INDIGO BLUE × RED
8	INDIGO BLUE × GRAY
9	BLACK × GRAY
10	BLACK × KHAKI

SWITCH STYLING MADE WITH TWO COLORS

ユニクロの着回し力を活かして、アイテムスイッチングでツートーンコーデを紹介。
配色バランスや着こなしのディテールなどを解説します。
攻略できると、ぐんとおしゃれの幅が広がりますよ。

着回し力、
最強アイテムたち！

“スイッチ”するから悩まない！
簡単におしゃれに見える“2色”コーデ

シンプルってことは、合わせやすいってこと。
だから、ユニクロの服は組み合わせが無限大。
そんな無限大の組み合わせを
2色のスイッチコーデで作りました。
アイテムがスイッチしていくので、
服を多く持たなくても
いろんなコーディネートを楽しめます。
ワントーンも素敵だけど、
私にとってツートーンは元気が出るスタイル。
色を重ねることで、
コーディネートの幅が広がり、
新たな表情を見せることができます。
何色も重ねなくてもいいんです。
2色だけで簡単におしゃれに見える。
その気負いなさがこなれ感につながり、
余裕のある大人の着こなしが生まれます。

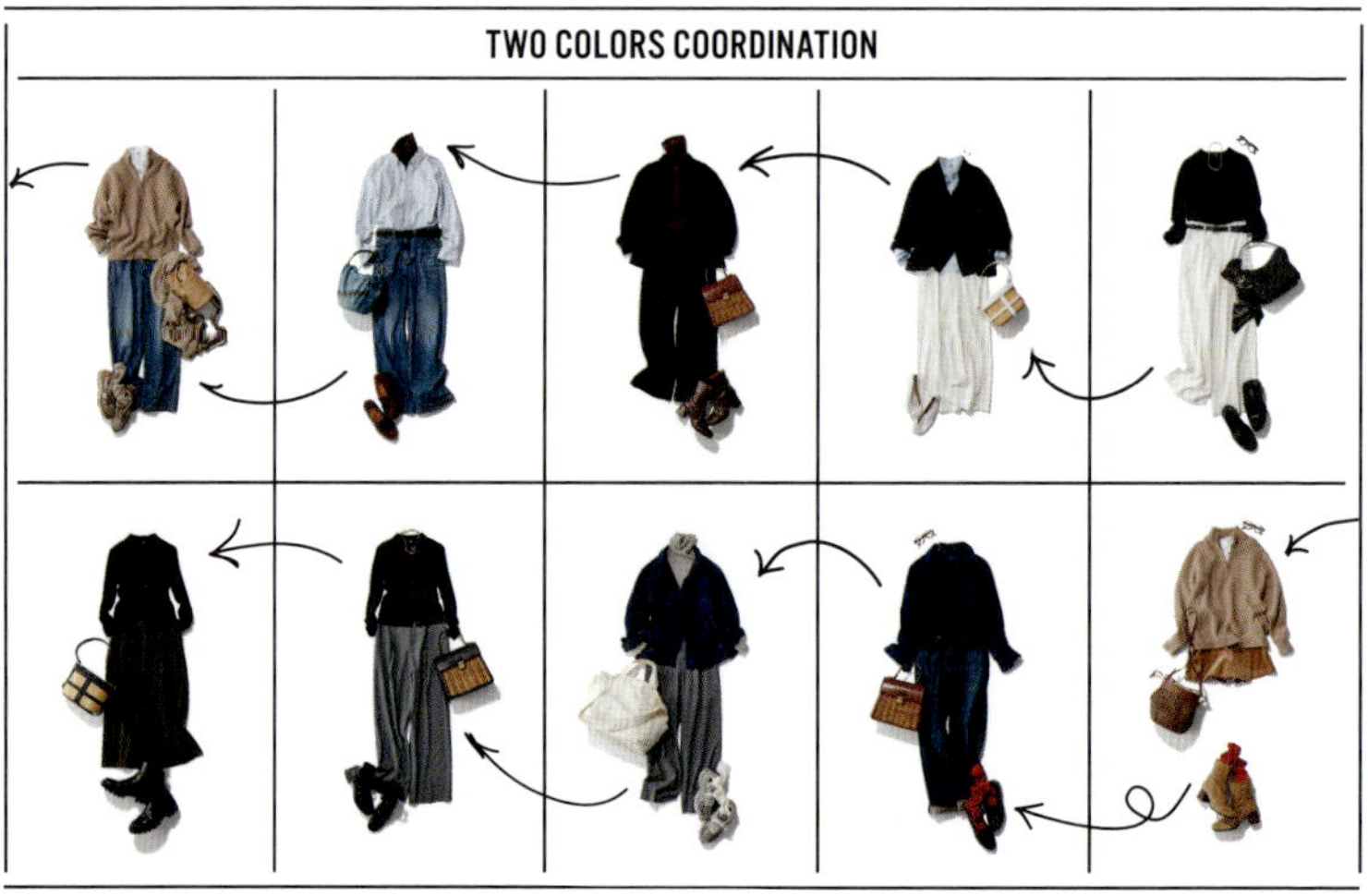

SWITCHING ITEMS

tops
タートルネックセーター（メンズ）

tops
シャツカーディガン

bottoms
ワイドジーンズ

socks
リブソックス

tops
ジップアップセーター

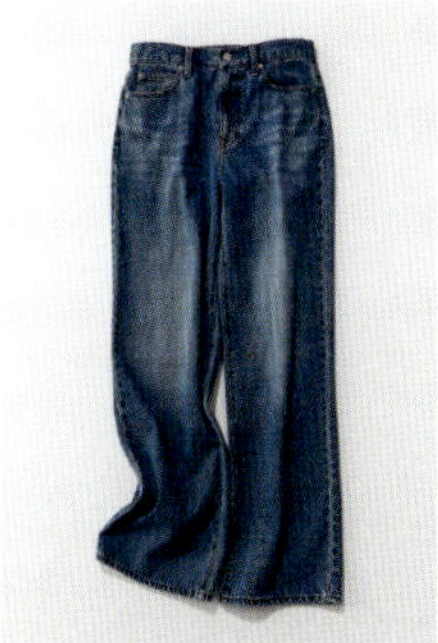
bottoms
ストレートジーンズ

tops
襟付きリブカーディガン

bottoms
タック入りワイドパンツ

tops
オーバーデニムシャツ

BLACK × WHITE

［ブラック×ホワイト］

ミニマル配色で簡単おしゃれ！洗練のモノトーンスタイル

定番の黒×白は誰でも真似しやすく簡単に決まるミニマルな配色。シンプルながらも反対色を合わせることでパキッとコントラストが付き、存在感のあるスタイリッシュなムードを纏えます。

ベーシックなトップスとボトムのワンツーコーデのときは、白を分量の多いボトムで取り入れたほうが軽快で垢抜けた印象に。

無難にならないように小物は多いほうがベター。メガネやスカーフなどをしっかり付けて、感度の高い着こなしを目指して。

BLACK

WHITE

SWITCH!

tops カシミヤセーター
bottoms ワイドジーンズ
belt レザーメッシュベルト

NAVY × WHITE

［ネイビー×ホワイト］

上品で爽やかな空気を纏う。好感度の高い大人マリンに

ネイビー×白といえばマリンルック。落ち着きがありつつ、モノトーンよりも上品で爽やかな空気感を作れるため、オフィスや子どもの学校行事などのシーンにぴったり。清潔感もあるので全方位からの好感度を狙えます。

メンズライクなネイビーのシャツカーディガンと白のワイドジーンズ、さらに清涼感が加速するブルーのコットンシャツを着込んで大人マリンにアプローチ。ボトムの白とリンクするかごバッグも、より一層マリン気分を盛り上げています。

tops コットンシャツ
シャツカーディガン
bottoms ワイドジーンズ

BROWN × NAVY

［ブラウン×ネイビー］

シックで大人っぽい印象。深み配色で洒落感アップ

ブラウン×ネイビーは、落ち着きのある大人っぽい印象を持つ配色。同じダークカラーでも暖色ブラウンと寒色ネイビーの組み合わせなので、お互いの色味を引き立てコーデに深みを与えます。

ネイビーのシャツカーディガンにワイドパンツ、そこにブラウンのタートルネックセーターを合わせると、メンズライクな中に女っぽさが光る、こなれ感たっぷりのコーデが完成。小物もブラウンで揃えてツートーンに仕上げると、コーデ全体がうまくまとまります。

tops シャツカーディガン
タートルネックセーター（メンズ）
bottoms タック入りワイドパンツ

BROWN × SAXE BLUE

［ブラウン×サックスブルー］

引き立て合う最強の配色。キリッと見せつつ優しいムード

ブラウン×サックスブルーは、イタリアのメンズファッションにおける王道のコンビ。ブルーの中でも、落ち着いた色味のサックスブルーはより柔らかな印象で、温かみのあるこっくりブラウンとマッチします。

淡いサックスブルーのストライプシャツとジーンズに、ブラウンのタートルセーターをキリッと効かせたコーディネートは、カジュアルなのに上品な仕上がり。それは配色そのものに品があるおかげです。足元はブラウンのローファーで引き締めて大人仕様に。

tops タートルネックセーター（メンズ）
ストライプシャツ
bottoms ストレートジーンズ
belt レザーメッシュベルト

BEIGE × SAXE BLUE

［ベージュ×サックスブルー］

ニュアンスカラー同士で一歩進んだおしゃれが実現

ベージュ×サックスブルーのニュアンスカラー同士は、マスターするとおしゃれスキルがぐんと上がる絶好の配色。

ハーフジップセーターとジーンズというボーイッシュなコーデも柔らかな色の組み合わせから大人っぽい優しい雰囲気になります。襟元には白シャツを覗かせてクリーンな味付けを。

バッグや靴からストールまで、小物はすべてベージュでまとめるとツートーンを崩さずに今っぽく決まります。

tops ジップアップリブセーター
シャツ
bottoms ストレートジーンズ
socks リブソックス

BEIGE × RED

［ベージュ×レッド］

コーデのマンネリ打破！ベーシック色に派手色を投入

ベージュ×赤は同じ暖色系で相性抜群。とはいえ、赤は主張の強い色なので、色の配分は少なめが大人の選択。落ち着いたトーンのベージュコーデに1点投入すると失敗なく決まります。

ベージュのブーツから赤ソックスを少し覗かせ、差し色として効かせました。派手色に慣れていない人は、バッグやシューズなど、小物から取り入れるとよさそうです。

赤の強さをベージュで中和した大人コーデは、ワードローブのマンネリを解消してくれるはず。

SWITCH !

BEIGE

RED

SWITCH !

tops ジップアップセーター
クルーネックTシャツ
bottoms コーデュロイスミニコート
socks リブソックス

INDIGO BLUE × RED

［インディゴブルー×レッド］

遊び心と洒落感をIN! 対照的なカラーでメリハリを

インディゴブルー×赤は、永遠の定番カラーコンビ。反対色だからパキッとメリハリが出て、コーディネートにリズムが生まれます。さらにインディゴブルーのデニムと鮮やかな赤は、エイジレスに可愛い鉄板の組み合わせ。

デニムシャツとジーンズ、そこに赤ソックスを覗かせれば、途端に洒落感が上乗せされ、大人の遊び心あふれる着こなしに。また、赤は引き締め効果も高いので、足元に少し入るだけでコーデ全体がシャープに整います。

tops オーバーデニムシャツ
ハイネックTシャツ
bottoms ストレートジーンズ
socks リブソックス

INDIGO BLUE × GRAY

［インディゴブルー×グレー］

寒色のマニッシュな色同士。こなれ配色でシックに見せる

インディゴブルー×グレーは、マニッシュなムードを演出する配色。寒色同士なのでまとまりもよく、クールに決まります。

インディゴブルーのオーバーシャツとグレーのワイドパンツのゆるっとしたシルエットだとラフさが出て今っぽい雰囲気に。反対に、タイトなアイテムで作るとキレイめに仕上がります。

合わせたトートバッグとスニーカーを明るい色味にしてトーンを上げると、こなれ感たっぷりの大人カジュアルが完成。

tops オーバーデニムシャツ
タートルネックセーター
bottoms タック入りワイドパンツ
socks リブソックス

BLACK × GRAY

［ブラック×グレー］

着る人が際立つ究極のシンプル。お馴染みのミニマルシック

黒×グレーは、オンオフ使えるベーシックな配色。黒一色よりもまろやかで、グレーの柔らかさが加わることで上品にまとまります。コンパクトな黒のポロカーディガンにグレーのタックパンツを合わせたシンプルコーデは、メリージェンの靴やかごバッグで可愛さを足すと、大人の女性に似合う絶妙なバランスに。

無彩色の装いには、ネックレスのゴールドやレザー小物の光沢などでツヤ感を入れるのが、地味見えを回避するカギ。

tops 襟付きカーディガン
bottoms タック入りワイドパンツ
socks リブソックス

BLACK × KHAKI

［ブラック×カーキ］

凜とした表情を楽しめる。こなれ感のあるハンサム配色

落ち着きと強さを併せ持つ色同士の黒×カーキは、男前なムードが漂う組み合わせ。メンズファッションでも人気の配色で、ユニセックスで着られるユニクロのアイテムにハマります。

リブカーディガンにナロースカートというフェミニンなアイテムを、ハンサム配色とタフなサイドゴアブーツで辛口に仕上げて、こなれた表情に。また、ダークトーンのコーデにはベージュか白の小物を合わせると全体のトーンが上がり一気に垢抜けます。

tops　襟付きリブカーディガン
bottoms　ジャージーナロースカート
socks　リブソックス

私のユニクロ名品

VOL.3

ブラトップ

[*bra top*]

この夏、こちらのお世話になった人はどのくらいいますか? 累計何枚売れたのかが気になるほど、着ている人をよく見かけました。

その呼び名は「おでかけブラトップ」。名前の通り、これ一枚でお出かけができちゃう。このアンチセクシーの日本で。いや、これはセクシーではなく、ヘルシーだったから、こんなにも日本の女性たちに受け入れられたのではないかしら。SNSで海外スナップを見る機会も増え、日本女性のファッションは確実に変わってきていると思うけど、海外セレブのような着こなしは、40代オーバーにははまらないと思っていた……。それは間違いね。むしろ大人のほうが積極的にブラトップと格闘していました。

ユニクロのアイテムは着やすくて、お手頃で、よくかぶる。だけど、このブラトップはかぶったところであまり恥ずかしくない。なんでだろう? 一枚で着ている人、インナーでチラッと見えている人、着こなしがさまざまだったというのは理由のひとつかも。そんな着こなしの幅の広さもまさに名品。たくましい二の腕隠しと冷房よけに、着るときは必ずカーディガンを持ち歩いていたけど、あのうだるような暑さの前に恥ずかしい気持ちなんて吹き飛んじゃってたな。いい大人が、恥ずかしいより涼しいを取るなんて、ここ最近の日本の夏は異常だわ。

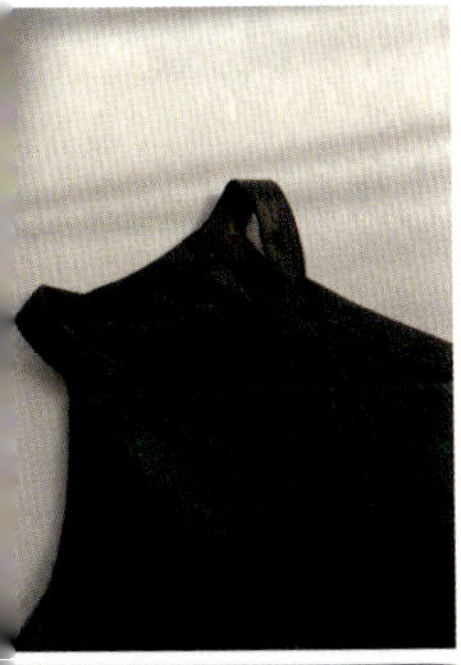

私が特に愛用していたのはホルターネック。リブ素材のものは特に下着感が少なくて、"服みたいな下着"ではなく、"下着機能が備わった服"という感じ。サラッと言ってみたけど、これって革命じゃないですか!

余談ですが、洗濯物を干してくれていた夫が、人生でいちばん虚しい時間はくちゃくちゃになったブラトップのパッドを入れ直しているときだ、と言ったので、今後すべてのブラトップはカップが取り外しできないものにしようと決めました。ユニクロみたいにね。

PART 4

どんなときも、ユニクロと一緒。シーン別コーディネート

no.	*situation*
1	SCHOOL UNIQLO
2	HOME UNIQLO
3	TRAVEL UNIQLO
4	OUTDOOR UNIQLO
5	WORKING UNIQLO

ANYTIME, ANYWHERE, ANYPLACE

通勤から休日のお出かけ、旅行まで、
私たちの毎日はユニクロの服とともにあります。
それは、まさにユニクロが掲げる“ライフウェア”。
そんなアイテムで作る着こなしをさまざまなシーン別で紹介します。

今日もユニクロ、
明日もユニクロ

1
SCHOOL UNIQLO

学校ユニクロ

行事にしか着ないなんて今の時代に反すること。日常はもちろん、コーデ次第でフォーマルにもなる、頼れる学校服はここにあり！

CREW NECK
SWEATER
CREW NECK CARDIGAN
PLEATED WIDE PANTS

式典にも大活躍。万能なネイビーコーデ

ハイゲージのアンサンブルニットとセンタープレスパンツは、普段でも使いやすいお馴染みのアイテム。全身をネイビーで揃えることでフォーマル感が増し、幅広い学校行事に対応します。着席が多い式典でもラクに着られ、かつ自宅で洗える気軽さも高ポイント。

tops
クルーネックカーディガン
クルーネックセーター

bottoms
タック入りワイドパンツ

RAYON BLOUSE
FLARE SKIRT

とろみとツヤ素材で エレガントなALL黒

シックなALL黒スタイルも、シャツのとろみとスカートのツヤ感で女らしくエレガントな雰囲気。授業参観や懇談会などは柄スカーフや大ぶりアクセを合わせて、きちんと感を保ちつつ華やかさも取り入れると、子どもが自慢したくなる素敵なおしゃれママになれそう。

tops
襟付きレーヨンブラウス

bottoms
フレアスカート

2
HOME UNIQLO

おうちユニクロ

色物やふわふわ素材など、年を重ねるほど可愛い部屋着を着たくなりませんか？大人こそ"家でもおしゃれ"なのがＱＯＬを上げる秘訣。

SWEAT TOPS
V-NECK CARDIGAN
SWEATPANTS
RIBBED SOCKS

tops
Ｖネックカーディガン
スウェットトップス

bottoms
スウェットパンツ

socks
リブソックス

定番のスウェットに色ソックスを効かせて

部屋着の定番であるグレーのスウェットこそ定期的に新調してキレイさをキープしたいもの。その点でもプチプラのユニクロは優秀です。メンズのニットカーデをざっくり羽織ったりソックスの黄色をポイントにしたり、サイズ感や色で遊べるのもユニクロならでは。

T-SHIRT
V-NECK SHORT CARDIGAN
RIBBED KNIT PANTS

可愛いピンクニットでリモート会議に参加

淡いピンクのニットカーデは甘すぎて照れてしまう人も部屋着だと挑戦できるはず。顔まわりにあるピンクニットと白インナーの映り感は絶大で、リモート会議にもってこい。落ち着いたトーンのパンツを合わせれば、誰に見られても大丈夫なおしゃれ部屋着が完成。

tops
Vネック
ショートカーディガン

Tシャツ

bottoms
リブニットパンツ

3
TRAVEL UNIQLO

旅ユニクロ

快適さと機能性はもちろん洒落感もあるから記念写真も安心。世界中に店舗があるので、旅先の天気によって買い足すのも手。

TURTLENECK T-SHIRT
CREW NECK SWEATER
HOUNDSTOOTH JACKET
STRAIGHT JEANS

ジャケットを羽織ってアートに触れる旅を

体調を整えておきたい旅行時は体温調節のできる重ね着が基本。保温性のあるアイテムを味方に、タートルとニットのレイヤードでしっかり防寒。暑くなったらタートルを脱げばOKです。また、美術館など背筋が伸びる場所にはキレイ見えするジャケットが重宝します。

tops
千鳥柄ジャケット
クルーネックセーター
タートルネックTシャツ

bottoms
ストレートジーンズ

DOWN JACKET
SWEAT TOPS
MINI SHOULDER BAG
STRIPE SHIRT
CORDUROY MINI SKIRT
RIBBED SOCKS

tops
ダウンジャケット
スウェットトップス
ストライプシャツ

bottoms
コーデュロイミニスコート

bag
ミニショルダーバッグ

socks
リブソックス

アクティブな観光はミニスコートで軽快に

日常の旅先ではいつもと違う服にトライするのも楽しい。今なら流行のミニスコートがおすすめです。ダウンとミニスコートのカジュアル感をシャツの重ね着で大人に仕上げて観光地へ。ミニにはサイドゴアブーツと赤ソックスの存在感のある足元がグッドバランス。

HIGH NECK
T-SHIRT
GORE-TEX
FLEECE JACKET
macpac
DRAWSTRING
DOWN COAT
RIBBED
SOCKS
SWEATPANTS

4
OUTDOOR UNIQLO

山ユニクロ

ヒートテックから撥水アウターまでアウトドアにも活躍する名品が勢揃い。キャンプはもちろん、気軽なハイキングなら充分です。

気温が下がる山は防寒アイテムを重ねて

しっかり防寒したいときはダウンの中にフリースを着込んで万全に。色を合わせることでセット感が出て高見えします。また、土埃の汚れや焚き火の匂いを家で洗い流せるのもうれしい。黒のスウェットパンツとブーツですっきりまとめて、大人の山スタイルが実現。

tops
ドローストリングダウンコート
フリースジャケット
ハイネックT シャツ

bottoms
スウェットパンツ

socks
リブソックス

CASHMERE SWEATER
DOWN COAT WITH WATER REPELLENCY
SWEATPANTS

tops
撥水機能付きダウンコート
カシミヤセーター

bottoms
スウェットパンツ

濃淡グリーンで揃えたシックな装いで山へ

セージグリーンのジャケットは小雨程度の雨ならはじく撥水加工。急な雨でもびしょ濡れにならずに対応できます。ボトムはモスグリーンのスウェットを合わせて濃淡グリーンコーデ。タウンでも通用するほどスタイリッシュな服装で、山遊びのモチベーションも上がりそう。

5
WORKING UNIQLO

お仕事ユニクロ

ベーシックな服が多いユニクロは通勤服にも大活躍。カラーも豊富なので、信頼を寄せるアイテムはイロチ買いする人も多いとか。

CREW NECK CARDIGAN
CREW NECK SWEATER
JERSEY NARROW SKIRT

tops
クルーネックセーター
クルーネックカーディガン
bottoms
ジャージーナロースカート

控えめかつ都会的なグレーのワントーン

スマートな印象を与えるグレーの濃淡コーデはオフィス服に最適。セーターにカーデを肩かけしたアンサンブル仕様でこなれ感も演出できます。合わせはかっちりしたショルダーバッグとローファーがマッチ。他にもネックレスやメガネなど小物は多いほうが洗練されます。

クールなオーラを纏う ジャケットの着こなし

リラックスフィットのテーラードジャケットにワイドパンツというオーバー気味のシルエットが今年らしいコーディネート。シックな色でまとめたスタイリングと相まって、仕事ができそうな人という印象を与えます。ポインテッドパンプスで華奢さを入れて好バランスに。

tops
テーラードジャケット
クルーネックセーター

bottoms
タック入りワイドパンツ

belt
レザー細ベルト

私のユニクロ名品
VOL.4

トレンチコート

[*trench coat*]

定期的に断捨離をしています。その時々で何を断捨離するのかは違いますが、ひとつ言えることは、やっぱり高かったものは簡単にはできない。高いものってそれなりに思い出の濃度も高くて、手放すとその思い出も手放さなきゃいけない気がして。「いや、それとモノは別物だろう」なんて自問自答したり、思い出に浸ったりしていると、あっという間に一日が終わってしまいます。

決断できない日はしなくていい。気持ちのクリア度、ノリのよさ、気分、天気など、すべての要素がピタッとこないと人はそんなに思い切れないものです。憧れはあれどミニマリストにはなれないので、時が来るのをじっと待つというのを自分なりのルールのひとつにしています。モノとも一期一会。出会ったり、別れたり、必要ならまた出会うはずだから。

ここにユニクロの名品が一着。それが、ユニクロユーのトレンチコート。大好きなトレンチは着る頻度も高いし、老舗ブランドのものもある。強豪揃いの生き残り選手権になりそうだけど、大丈夫かしら？　いつも心配しながらも、やっぱりこのトレンチは勝ち残るんです。

素材はコットンとシンプルですが、しっかりしていてシワも気にならないし、とにかくこのシルエット！　数年前に買ったものとは自分でも思えない。

この秋、「それどこの？」と何度聞かれたことでしょう。そう考えると、トレンチコートの、いやコート全体のシルエットのトレンドってこの数年でそんなに変わってないんだなあ。今年はショート丈がトレンドで新鮮だけど、このゆったりロングも健在だし。

10年後、このシルエットを懐かしいと思う日が来るのかなぁ。——なんとなく、来ない気がする。それがこのコートが断捨離できないポイントです。古くならないんだもの。ユニクロに限らず、名品ってそういうもののことを言うんでしょうね。

おわりに

企画からコーディネート、撮影まで、あっという間に終わってしまいました。心にポカンと穴が空いたような、ちょっと寂しい気持ちもありますが、やり切った安心感もまたあります。

普段はいろいろなブランドを組み合わせながらスタイリングをしていくので、組むのが"早い"でお馴染みの私も、それなりに時間がかかるものですが、こんなにもスムーズにスピーディにスタイリングできたのはこれが初めての経験です。

なぜって?

何を合わせても、きちんと決まるんだもの。

ユニクロのアイテムはちゃんと配色が計算されているから、グレーのニットに合うグレーのパンツがいくつもあります。私は色のトーンは気にせずに、カジュアルにするか、キレイめにするか、どんな人にどんな場面で着てほしいか、頭の中でイメージするだけ。簡単でしょう?

今回、43体のコーディネートを作ってみて、色の少ないかっこよさに改めて気がつきました。特にカジュアルほど、色が少ないほうが洗練されて上品に見えるのです。

上品な1色、洗練の2色。この本がユニクロを通して大人の女性にいちばん提案したかったことです。

こういうコーディネートを、フランス語で「ｃｈｉｃ（シック）」と言います。ファッションで言えば、派手さはないけれど、垢抜けていて、センスがいい。とても前向きな意味です。

そしてこのシックなコーディネートたち、何がいいってどんな風にも仕上がるんです。例えば、スニーカーにリュックを合わせればメンズライクでスポーティーに、ヒールに小さなバッグならちょっと特別な日にも。ローファーでトラッドに、パールでフェミニンに。これは、ＰＡＲＴ１やＰＡＲＴ３のベースで出てきたどのコーディネートにも当てはまります。

色が少ないって、なんてラクちんでコーディネートが大人っぽく決まるんだろう。

コーディネートに色がないと寂しい？

野暮ったく、地味に見えそう？

大丈夫。実はみなさんはもう自分の色を持っているから。

あなたのキャラクターやチャームポイントが、すでにあなたの〝色〟なんです。

この本で紹介したコーディネートは、日々の服選びに悩まない素敵な提案でありながら〝あなたらしさ〟を引き出してもくれると思っています。

本当にシンプルだからこそ、アクセサリーを重ねてみたり、帽子をかぶるかもしれないし、かごバッグみたいな素材感で遊んだり、ベルトをアクセントにするかもしれない。コーディネートを完成させていくにつれ、知らず知らずのうちに、自分らしさを足しているものなんです。


「なんでもないけど、なんだか素敵」

ド派手なファッショニスタより（それも気になるけれど！）、そんなコーディネートをしている大人の女性こそ、私は気になっちゃうのです。

目指すべきはそこ！

今すぐユニクロをのぞいて、シンプルベーシックなコーディネートを作ってみてください。

そしてコーディネートができたら、あなたらしく味付けをしてみてください。そこでまた、自分の好きが見つかりますよ。

大事なのはその〝好き〟探し。

これはいくつになってもしていたいなぁ。

福田麻琴

撮影協力　ユニクロ

ブックデザイン　徳吉彩乃
写真　魚地武大（TENT）
福田麻琴
取材・執筆　吉岡美奈
スタイリングアシスタント　太田恵理
本文DTP　キャップス
編集　田中早紀

上品な1色、洗練の2色。
大人のユニクロコーデ

2025年2月 1日　第1刷発行
2025年3月12日　第2刷発行

著　者　福田麻琴
発行人　関川 誠
発行所　株式会社宝島社
〒102-8388
東京都千代田区一番町25番地
電話：営業　03-3234-4621
編集　03-3239-0646
https://tkj.jp
印刷・製本　サンケイ総合印刷株式会社

Printed in Japan
ISBN 978-4-299-06247-5

福田麻琴（ふくだ・まこと）
スタイリスト。1978年生まれ。1998年に文化服装学院を卒業後、アパレル会社勤務を経てスタイリストの森美幸氏に師事。2003年に独立。『LEE』（集英社）や『VERY』（光文社）、『GLOW』（宝島社）などの女性誌やWEBマガジンを中心に広告、CM、カタログ、タレントのスタイリストとして活躍。2009年にフランスへ留学。その経験を活かしたフレンチテイストに抜け感を加えたベーシックスタイルにファンが多く、1児の母としても同世代の女性から支持を得ている。著書に『ただ着るだけでおしゃれになる ワンツーコーデ』（西東社）、『私たちに「今」似合う服 新しいベーシックスタイルの見つけ方』（大和書房）などがある。

Instagram：@makoto087